JE FAIS

des piquages en laine

ISABELLE BOCHOT

FLEURUS IDEES

Editions Fleurus, 11, rue Duguay-Trouin 75006 Paris

Matériel

Grosse laine de couleurs vives, papier de couleur, perforeuse, ciseaux, grosse aiguille à bout arrondi.

Truc malin

Le piquage est la première couture ou broderie des tout-petits. Mais comment enfiler une aiguille ?

1- Coupe un grand bout de laine. Fais une boucle en pinçant le bout entre le pouce et l'index.

2 - Glisse la boucle dans le trou (le chas) de l'aiguille.

3 -Tire sur le bout le plus petit (sinon il sortira de l'aiguille.)

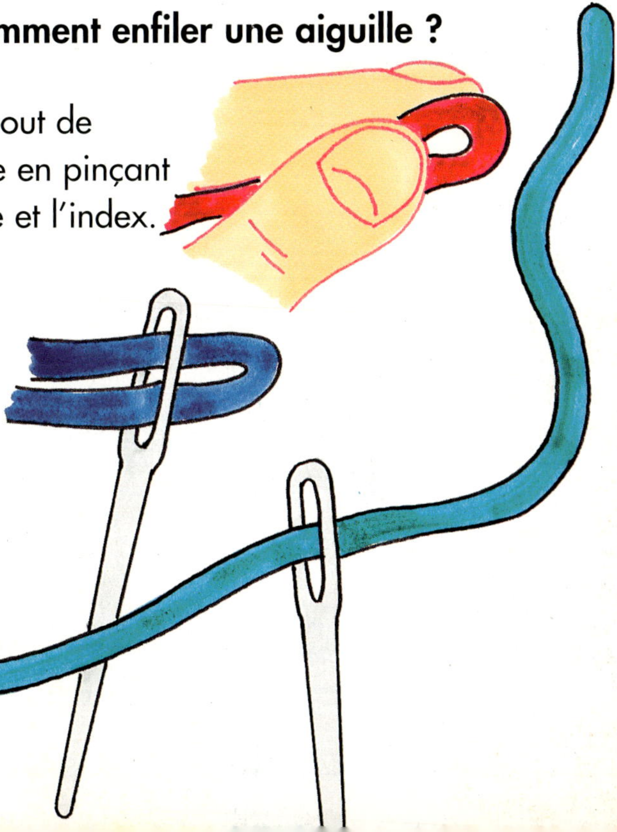

Petite maison

Sur un papier de couleur, dessine au crayon un motif très simple : maison, cœur, fleur, poisson...

Sur les traits, marque des points espacés tous les 2 cm. Perce-les avec l'aiguille.

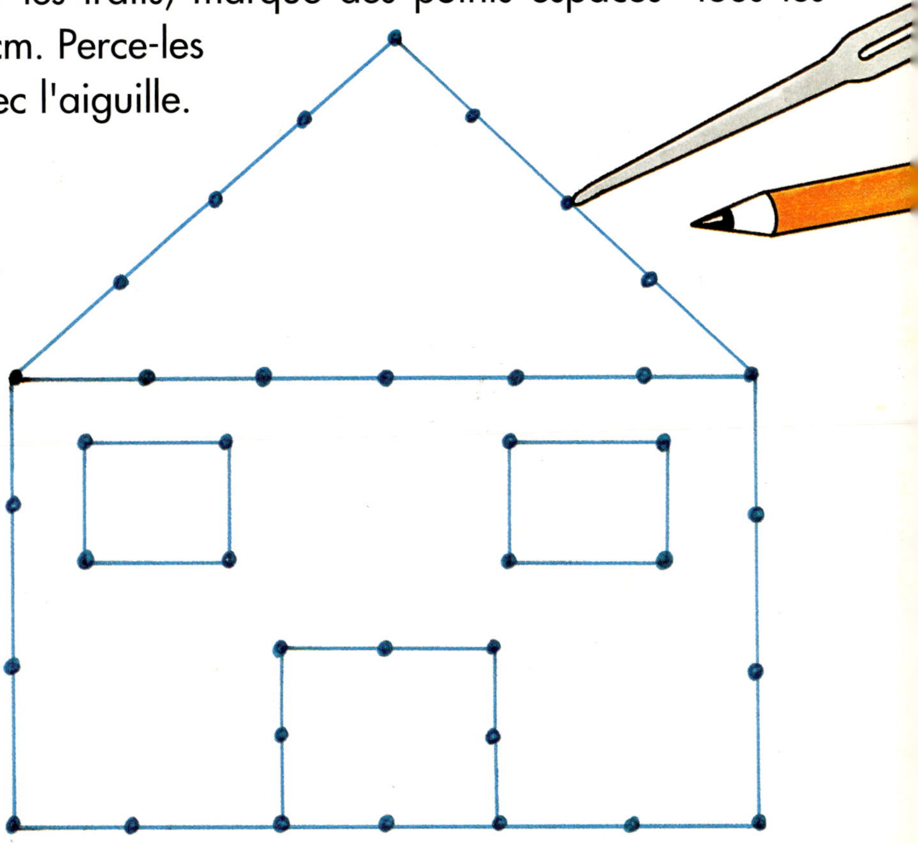

Enfile un long bout de laine dans l'aiguille et fais un nœud au bout. Glisse-la dans un trou, sur l'envers du papier.

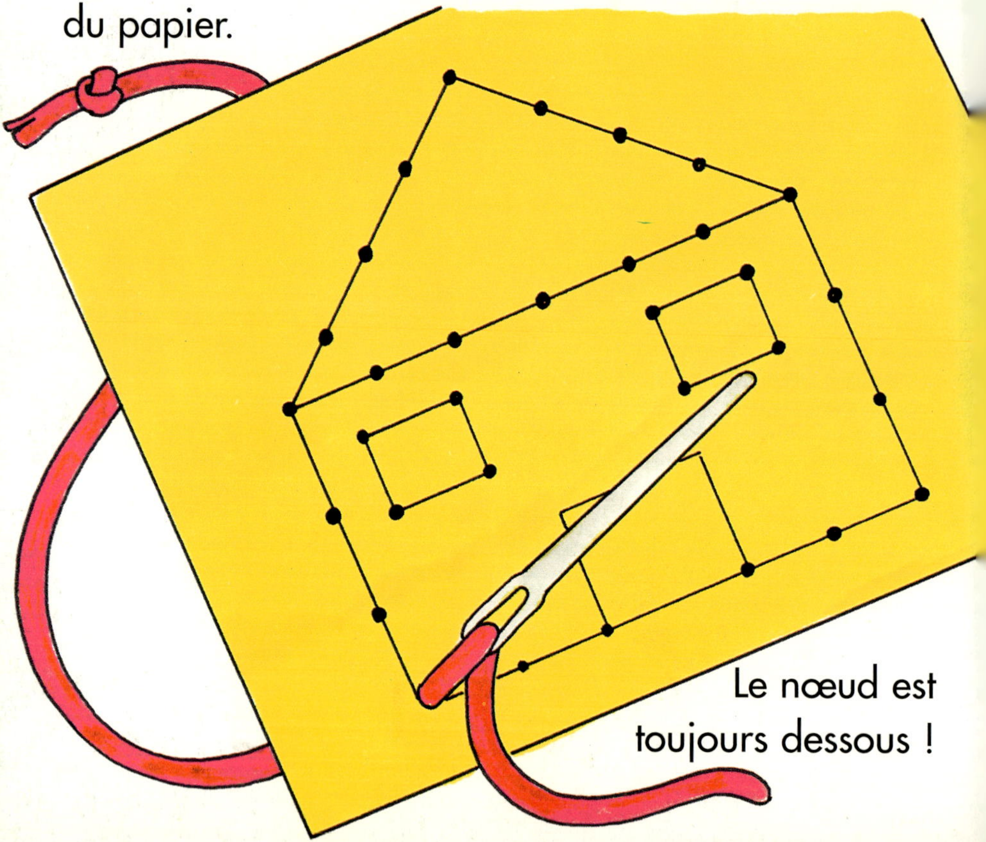

Le nœud est toujours dessous !

Passe la laine une
fois dessus, une
fois dessous.
Puis fais le
tour de la
maison.

Ne tire pas sur la laine, sinon le papier se pliera.

Un point sur deux est fait. Pour compléter le dessin, repique l'aiguille dans le 2e trou et recommence une fois dessus, une fois dessous.

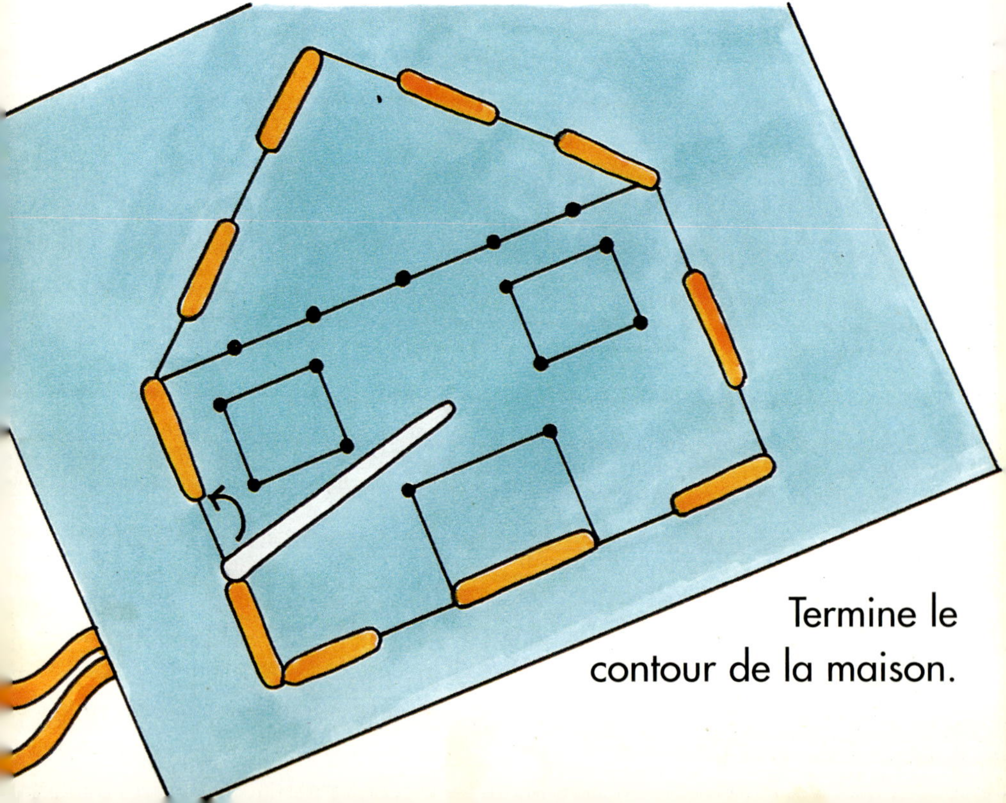

Termine le contour de la maison.

Arrête la laine avec un nœud.
Sur l'envers, fais une boucle avec la laine et passe l'aiguille dedans. Fais coulisser le nœud en tirant tout doucement pour le placer au bord du trou. Coupe la laine à 1 cm.

Recommence avec d'autres laines pour finir la maison.

Pochette:
découpe 2 rectangles identiques dans du papier de couleur.
Superpose-les.
Perfore 3 côtés tous les cm.
Recoupe le papier près des trous.

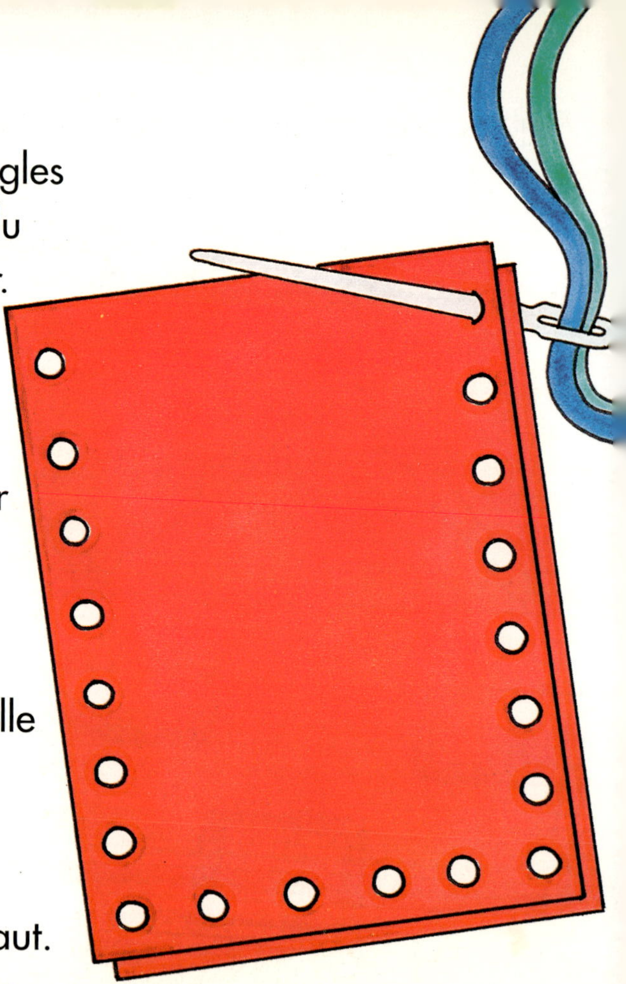

Enfile dans l'aiguille 2 grosses laines.
Fais un nœud, glisse l'aiguille dans le trou du haut.

Pique dans chaque trou sur les 3 côtés.

Le premier tour est fini. Tourne l'étui. Repars dans l'autre sens en croisant les points. Termine par 1 nœud.

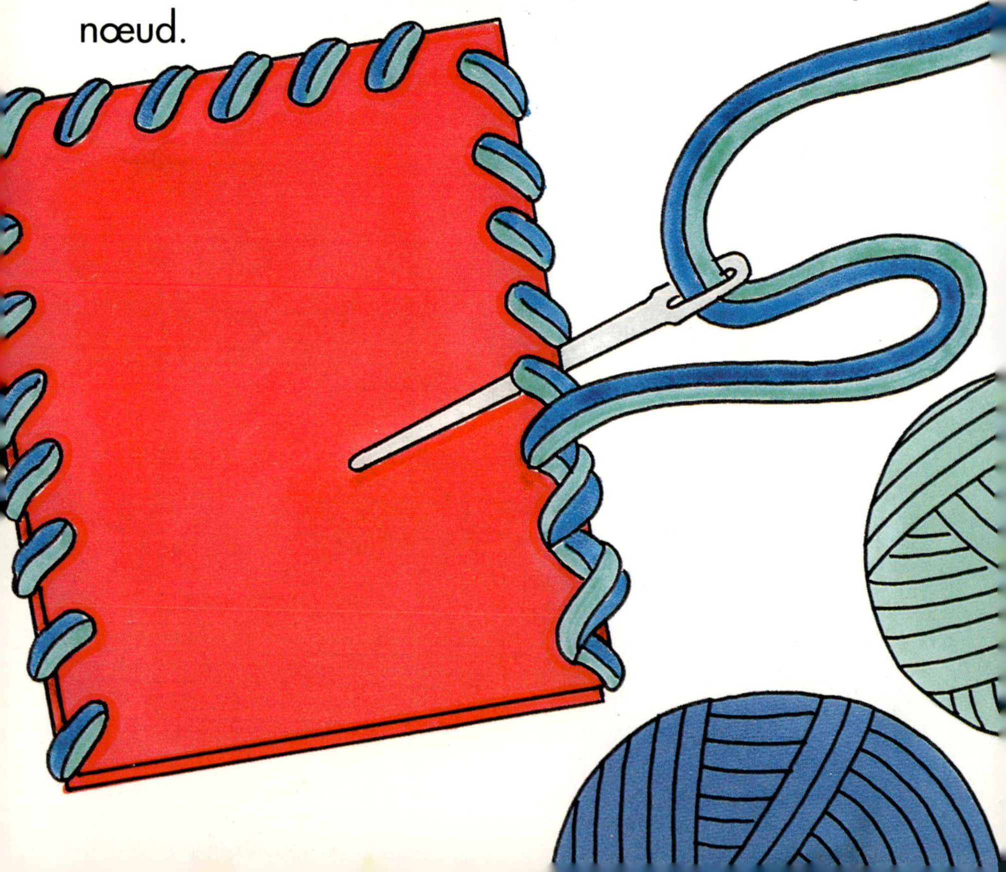

Le piquage au point de tige

Avec une aiguille, perce des trous rapprochés sur un dessin.

Commence au 2e trou. Repique dans le 1er par dessus, puis dans le 3e par dessous, dans le 2e par dessus, puis dans le 4e par dessous, etc.

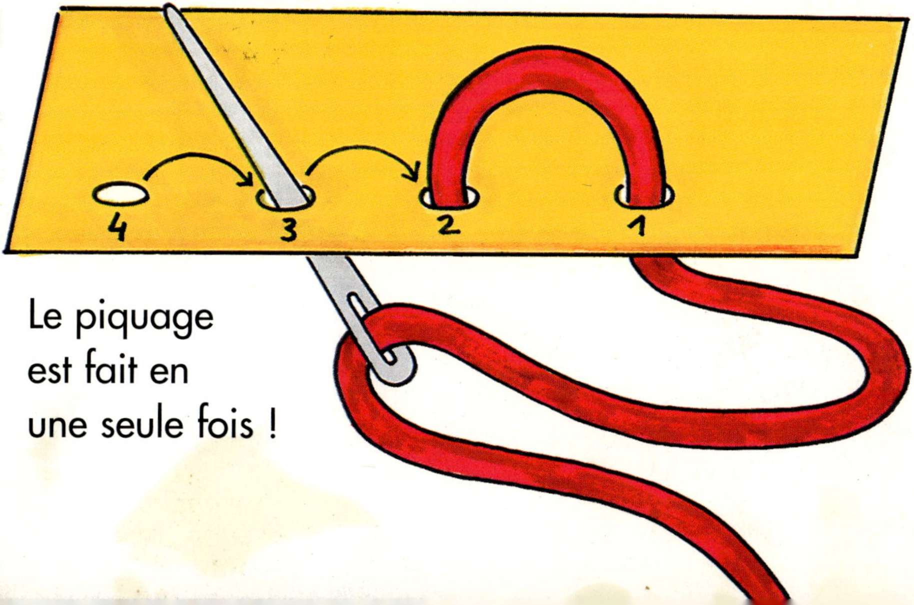

Le piquage est fait en une seule fois !

étui à crayons

D'autres idées...

cadre

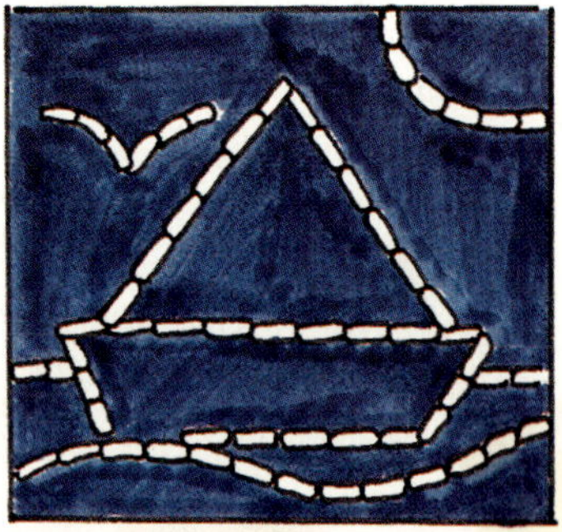

petit tableau

étui-coeur

carte de Noël

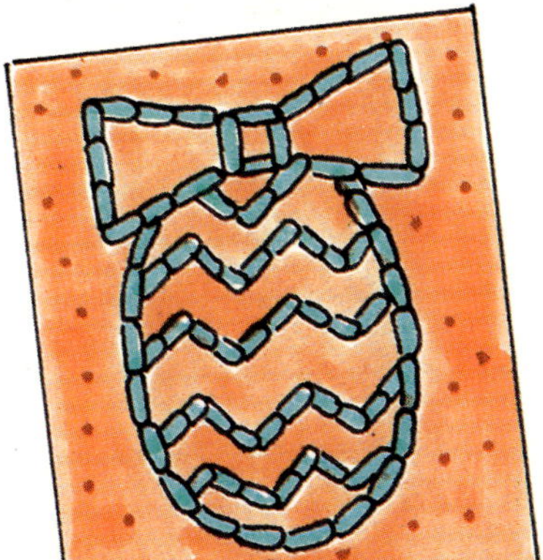

carte de Pâques

carnet
perforé
et brodé

À Agathe

Merci à Rougier et Plé

Dépôt légal : mai 1996
Imprimé en France par Partenaires
ISBN 2-215-02230-2
1re édition